Carlos Velásquez Torres

Es de tontos el regreso

Title: Es de tontos el regreso

ISBN-13: 978-1-940075-68-6
ISBN-10: 1-940075-68-8

Design: © Artepoética Press Inc.
Cover & Image: © Jhon Aguasaco
Editor in chief: Carlos Aguasaco
E-mail: carlos@artepoetica.com
Mail: 38-38 215 Place, Bayside, NY 11361, USA.

© Es de tontos el regreso, 2019 Carlos Velásquez Torres
© Es de tontos el regreso, 2019 for this edition Artepoética Press

All rights reserved. No part of this publication may be reproduced, distributed, or transmitted in any form or by any means, including photocopying, recording, or other electronic or mechanical methods, without the prior written permission of the publisher, except in the case of brief quotations embodied in critical reviews and certain other noncommercial uses permitted by copyright law. For permission requests, write to the publisher, addressed "Attention: Permissions Coordinator," at the address below: 38-38 215 Place, Bayside, NY 11361, USA

Todos los derechos reservados. Esta publicación no puede ser reproducida, ni en todo ni en parte, ni registrada en o transmitida por, un sistema de recuperación de información, en ninguna forma ni por ningún medio, sea mecánico, fotoquímico, electrónico, magnético, electroóptico, por fotocopia, o cualquier otro, sin el permiso previo por escrito de la editorial, excepto en casos de citación breve en reseñas críticas y otros usos no comerciales permitidos por la ley de derechos de autor. Para solicitar permiso, escríbale al editor a: 38-38 215 Place, Bayside, NY 11361, USA.

Carlos Velásquez Torres

Es de tontos el regreso

Prólogo de Manuel Iris

Colección
Rambla de Mar

CONTENIDO

Un Anti-Odiseo canta su historia: *Es de tontos el regreso*, de Carlos Velásquez Torres	7
Amanecer	13
AUC	15
Cuánto más tendremos que esperar	17
Dejaremos entonces de adorarnos	20
El país más triste del mundo	21
Es de tontos el regreso	24
Farewell	26
Hace tantos días	28
La suerte está echada	30
MBA	33
Qué más queda sino el amor	34
Recuerdas aquellos días	37
Regresas de nuevo con la derrota a cuestas	38
Vuelvo ansioso la mirada	39
Ya mis armas han caído	41
Así pues te preguntas dónde he estado	44
Bienvenidos hermanos al infierno	46
Las trompas sonaron a lo lejos	48
Cuán abandonados parecemos	49
De nuevo suena mi voz de paria	51
He de poblar la ciudad dormida	52
Manso caminas por las calles	54
Putas	56
Que la rabia te acompañe	57
Siempre hay un momento	59
Suena pausada la voz del poeta	61
Te habla el odioso personaje de tus miedos	62
Vengan las academias y juzguen sin falta	63

Un Anti-Odiseo canta su historia: *Es de tontos el regreso*, de Carlos Velásquez Torres

Contrariamente a lo que suele repetirse, no todos los viajes adquieren significado al volver. De hecho, a veces el viaje requiere abandonar la idea del regreso, o más exactamente, adquirir la conciencia de que volver es imposible. Después de todo, el tiempo y el lenguaje son lineales: no hay retorno. El camino hacia la muerte que es nuestra existencia solamente se transita en un sentido.

Es de tontos el regreso es la bitácora espiritual del que se queda en los sitios que ha explorado, en los lugares que visita, y es por ello un libro de viaje interior. El hablante lírico, que acaso podemos equiparar con la voz del autor biográfico, el poeta y estudioso colombiano Carlos Velásquez Torres, radicado ya definitivamente en Estados Unidos, se dedica a desnudar el abandono del deseo del volver o, en todo caso, el abandono de esa posibilidad. Recomienda el poeta —con un tono que hace imposible pensar que la pérdida ha sido indolora— abandonar la esperanza:

> Cada minuto que le entregas a la vana espera
> te será cobrado
> cuando tu vida
> la poca que te queda
> se disuelva en el trasegar luctuoso
> del desengaño
> pues no hay más pecado que esperar
> el regreso de los muertos
> o la justicia poética de los viejos
> cuando la suerte nos ha desterrado
> de su lado

> Olvida ya esa extraña manía
> de aguardar silente la mañana
> Es posible que mientras llega
> tus ojos se nublen por resplandores que eneguecen
> y el monótono silencio
> se transforme en estridencias...

La resolución de dejarlo todo atrás no es sencilla. Cada texto nos entrega el dolor de aquel que sabe que no puede retornar a los sitios en que ha amado porque se han convertido en lugares distintos y porque, desde antes de partir, empezaban a ser ajenos. Ítaca ha desaparecido y solamente los tontos tratarían de regresar a un montón de cenizas, de buscar un resplandor inexistente.

Es de tontos el regreso se construye como una serie de poemas que son, al mismo tiempo, una confesión del propio sendero vital y una recomendación a los futuros anti-Odiseos, esa legión de viajeros que no van a volver. Es un libro que nos ayuda a descubrir que, si bien hay valentía en emprender el regreso, es todavía más valiente zarpar sabiendo que no hay vuelta atrás:

> Olvida los temores que te hicieron lo que eres
> no basta la vida para encerrar
> las pasiones ajenas
> que hicieron morada
> en nuestras inocentes almas
> Ven y descansa sin temor alguno
> la tarde servirá de escudo
> a los aterradores resplandores
> de nuestro deceso
> que vienen desbordados
> como la estampida colosal
> de un universo que se muere
> Deja que las sombras
> que escapan a nuestra mirada
> preparen la hornilla
> que ha de abrasarnos en la despedida...

Pero, ¿de dónde se va este anti-Odiseo? ¿Qué sitio del mundo merece ser abandonado de ese modo? Uno sin memoria y lleno de tristeza. Por supuesto, no hablamos de un abandono necesariamente físico. El poeta, quizá, puede caminar de nuevo por esas calles, pero lo hará sabiendo que ya no pertenece a ellas por una combinación de voluntad y destino. El país del que se va es:

> Es el país más triste del mundo
> el que desvanece el llanto
> en noches alocadas
> tan cobarde
> como el olvido de sus muertos

De modo que uno no se va de un sitio, sino de la tristeza. Este poemario no es la historia de un poeta colombiano, o cuando menos no es solamente eso: como cualquier libro de verdadera poesía, sobrepasa la historia de quien lo escribe para ser la narrativa de una tribu. En este caso, de todos los que han decidido no mirar atrás para no convertirse en estatuas de sal.

Este libro, tan triste por momentos, es la historia de todos los humanos que quieren ser felices, vivir tranquilos. Es la historia de un hombre que acaso ha encontrado lo que buscaba y que por ende no tiene nostalgia del sitio que dejó, sino tristeza de no tener un sitio al que su corazón le pida volver. Aceptar eso como verdad poética y biográfica es uno de los actos más valientes que yo he visto en cualquier escritura, y también uno de los más honestos. El poema que da título al libro habla, sin embargo, del viaje de otro. El hablante ve a un hombre irse y le dice, desde ese sitio de sombras, que no debe volver. Es un texto desgarrador y verdadero. La voz del poeta no deja lugar a dudas:

> Las cenizas de tu linaje
> fueron barridas por una tormenta
> colosal como la muerte

> y ese dolor te acompañará
> más allá de tu memoria
> (…)
> No has de regresar
> Ni siquiera
> has de repetir la travesía
> que hubo de borrar las huellas
> (…)
> Es de tontos
> fingir el regreso
> cuando el deseo
> se ha peleado con la nostalgia
> deja tu camino
> y no te detengas
> que muchos tontos
> hemos de verte aún
> en la lejanía

En el siguiente poema, el mismo hablante le dice al que parte (y quien es, en cierto modo, un adelanto del hombre que será) *No has de encontrar en mí / reproche alguno,* y este apoyo es el inicio del propio viaje: es la semilla.

Todos los poemas de este libro se construyen con una urgencia vital sorprendentemente tejida en un aliento poético que tiene, en poemas de corte lírico, cierto regusto de poesía épica, de escritura antigua y atemporal. Todos los poemas son pequeños discursos y dolidos soliloquios. La dicción es cuidada y consistente. Gracias a ello el libro es compacto y preciso: nada le sobra.

En cada poema, sin excepción alguna, poeta habla al mismo tiempo con el viajero, consigo mismo y con la poesía. Carlos Velázquez escribe sin miedo y le dice, con ecos de Dante, a todos los que son como él: *Bienvenidos, hermanos, al infierno/ Reducid vuestra esperanza/ y dejad que la madre del dolor os suplique/ por la desventura que cobijará/ vuestros llantos.*

No es sencillo, dije desde el principio, escribir algo que confiese que no se puede volver. En la piel de este libro se puede sentir la palpitación del miedo, pero solamente en presencia del miedo se puede ser valiente, y Carlos Velásquez es un poeta que no le da la espalda a su destino literario, que es su destino humano. Escribo estas líneas quitándome el sombrero frente a un libro que no pudo haber sido escrito sin dolor, sin miedo y sin trabajo. Que el lector sepa que tiene en las manos la vida de un hombre que ha sido vocero de una legión de seres humanos que han perdido su Ítaca, pero no su corazón.

Manuel Iris
(City of Cincinnati Poet Laureate)

Es de tontos el regreso

Amanecer

Sigue gastando tu tiempo al esperar la aurora
Crees que con su llegada se borrarán
de un soplo tus recientes pesadillas
y el terror nocturno que sobrevino al día
será disipado por las tempranas luces
que nublarán el alba

Cada minuto que le entregas a la vana espera
te será cobrado
cuando tu vida
la poca que te queda
se disuelva en el trasegar luctuoso
del desengaño
pues no hay más pecado que esperar
el regreso de los muertos
o la justicia poética de los viejos
cuando la suerte nos ha desterrado
de su lado

Olvida ya esa extraña manía
de aguardar silente la mañana
Es posible que mientras llega
tus ojos se nublen por resplandores que eneguecen
y el monótono silencio
se transforme en estridencias
con la velocidad aterradora
con que la duermevela engaña
a quienes se desviven por el sueño

Es de tontos el regreso

Puedes quedar absorto o imbécil
o acabar tu vida
como inútil vigía
mientras los mercaderes de la miseria
agigantan la usura
y tu deuda crece y se hace impagable

No malgastes el tiempo
pues no te pertenece
pronto vendrán a cambiarlo por sangre
venderán tus miembros
y tus pocas miserias
y el silencio de la ruina
se convierta en mañana

AUC

Será la sangre más fértil
que la hierba en el desierto
plagado de ruinas y de tumbas

Los crucifijos
son pasto de ganados
enajenados por el dolor
que escapó como alarido
de las gargantas desgarradas
por el inmundo hierro de los esbirros

Quién será la peste
que nos libre
del suplicio
de la blasfemia
de la mentira a gritos
que proclama certidumbres
tan alocadas
como el fragor de los traidores
en la tumba de los caídos
aun cuando
la vergüenza
huye aterrada por los campos

Miles de extravíos
se regodean
pero las puertas de emergencia
han sido clausuradas
para evitar una estampida

¿Habrá más obscenidad
que presenciar impávidos el acto
del payaso sangriento
que nos aterró en la infancia?
El grotesco de la muerte
cínico se posa
a nuestra diestra
y su carcajada
hiela la sangre del más temerario

Oh corazón
Cómo he de evitar
que la agonía yazca ridícula
en la feria estruendosa
de mi cobardía
y las palabras
como ruedas locas
siquiera perturben
la insolencia

He de abandonar mi voz
o lo que me queda de vida
y que se disloque aún más
el estupor
y la metralla…

El horizonte
la mirada
y yo en medio del infierno

Cuánto más tendremos que esperar

¿a que vengan por nosotros?
o a que programen nuestro escarnio
en una ceremonia de lujos y veleidades

Nunca nos perdonaron
y si su mirada
serena se posó en nuestros ojos
tan sólo fue
para evitar la afrenta
de responder
con el esplendor del alma
a nuestras preguntas

El viento ha desgarrado nuestro vestido
y nuestra desnuda piel
tiembla yerta
bajo la capa de suciedades
que la soledad de la calle
nos ha dado como abrigo

¿Habremos de esperar más?
¿cuánto soportaremos?
Las calles desiertas
no son más escenario de nuestra duda
nadie hay que nos responda
El terror lo asoló todo
en derredor nuestro
y las últimas almas que nos
escucharon
presas están por su osadía

No queda más que el mundo de los muertos
allí tal vez
nuestra sombra será bienvenida
como la estrella sombría
que nos ha condenado

Marchemos entonces
hagamos camino
a lo profundo de la tierra
donde no hay que pagar
por el aire inexistente

Habremos entonces de esperar la nada
de acuclillar nuestro dolor
en el destierro
pues el abandono
es más doloroso que la muerte
cuando no hay unos ojos
en donde posar nuestra angustiosa mirada

¿Cuánto más tendremos que esperar?
Marchemos sin apremio
pues nadie preguntará
por nuestra ausencia

Emprendamos el camino
Puede ser sin prisa
más vale el trasegar silente
cuando no hay que anunciarle al mundo
que una procesión abyecta
le abandona

Caminemos juntos
si eso en algo nos ayuda
y sumerjamos
nuestros cuerpos en las tinieblas
tal vez en el camino
la cruel sospecha se disipe
y el tiempo que nos ha abandonado
por fin nos deje en paz
como una saga maldita
que lo repudia

Dejaremos entonces de adorarnos

y en aquel instante servirá la cena
la voraz bestia que nos habita
descansa en mí mientras el momento llegue
y no temas hasta su arribo

Olvida los temores que te hicieron lo que eres
no basta la vida para encerrar
las pasiones ajenas
que hicieron morada
en nuestras inocentes almas

Ven y descansa sin temor alguno
la tarde servirá de escudo
a los aterradores resplandores
de nuestro deceso
que vienen desbordados
como la estampida colosal
de un universo que se muere

Deja que las sombras
que escapan a nuestra mirada
preparen la hornilla
que ha de abrasarnos en la despedida

El país más triste del mundo

La ciudad nocturna rumorea
y murgas de abandono
recorren audaces
la maraña de calles y avenidas
plagadas de mujeres deliciosas
que comparten sus caderas
al sonoro retozar de los tambores
y hombres ebrios
cansados
pero expertos en la rutina
de compartir un lecho de tarde en tarde

La juerga vespertina
devora con avidez al silencio

La fiesta
el jolgorio
hacen más oscura
la procesión de almas
que sueñan acaso el sosiego
mudas
como invasoras
de tierras ignotas y hostiles

Hubo cantos
olvidados ya
pero sé que los hubo
que hacían noble el dolor
y hermanaban al hombre con los pájaros

Tiempos en que la madera viva
reverdecía tranquila
al sol de los venados

Danzas hubo
que susurraban sonoras
el galope de las listadas cebras
en sabanas lejanas y candentes
y cueros que trepidaban
en el centro del bosque
y la eternidad

La sangre de mil colores
recuerda acaso
que la sierpe fue la hermana
y el lobo
y el babuino
mientras
la lengua se extravía
y la mudez heredada por el plomo
agota el sueño que olvidamos
antes de la aurora

El país de las ciudades
repite constante y pertinaz
las comandas de la prole
aristocracias de remedo
que alientan la caterva
y la alegría del sábado
ha convertido en máscara festiva

la mueca horrorosa de la muerte
que vive a expensas
de nuestra vida

Es el país más triste del mundo
el que desvanece el llanto
en noches alocadas
tan cobarde
como el olvido de sus muertos

Es de tontos el regreso

A Carlos E. Aguasaco

Las cenizas de tu linaje
fueron barridas por una tormenta
colosal como la muerte
y ese dolor te acompañará
más allá de tu memoria

Qué de lo tuyo
quedó en la espera
no habrá juicio eterno
que devuelva los cimientos
que la tibieza de tu saga
sembró algún día
Ya ha acabado todo
y si regresas
no será al solar de juegos
ni a la morada
que hubo de guardar los aromas
de tu infancia

Es de tontos el regreso
cuando el camino fue borrado
y la tarde tiene el plomo
fincado en el horizonte
y ya no será más

Deja que tus latidos
busquen el eco
en la lejanía
pues no hay sitio que te espere
y el compás del mundo
enloquece
con el clamor de ausencias
que los muertos
aúllan en las noches

No has de regresar
Ni siquiera
has de repetir la travesía
que hubo de borrar las huellas
sin despedida
la encrucijada
se plantó a tu espalda
cuando la sangre
abrió la brecha
de tu sendero

Es de tontos
fingir el regreso
cuando el deseo
se ha peleado con la nostalgia
deja tu camino
y no te detengas
que muchos tontos
hemos de verte aún
en la lejanía

Farewell

Ha llegado el momento
que tanto ansiabas
Empieza tu camino
y aprovecha cada truco
y cada giro del azar

Olvida lo que soñaste
y conviértete
Trasforma tu carne
en mercancía

No has de encontrar de mí
reproche alguno
ni la sutileza de un suspiro quedo
ni el roce de una efímera mirada
intercederán por tu pasado

Ya lo has conseguido
acomoda tu marcha
al gigantesco desfile de almas en pena
y acompasa tus latidos
al largo y rutinario obstinato
ritmo cansino
de los millones que
han convertido
el orgullo
en un pan rancio pero seguro

Mantén
sin embargo
la fluidez de tu verso
No hayas de mostrar
la verdadera profundidad
de tus palabras
pues el sueño
se romperá
y un raudal de miseria será tu castigo

Repite orgulloso sus salmos
sus cantos
sus himnos
Marcha altivo
y esconde el vacío
que en tus ojos
dejó el horizonte tras la despedida

Vete pues sin miedo
y no sigas acaso mi recuerdo
Ya vienen por ti
y aún no has mudado
ese ensueño nocivo
que algún día
se posó en tu mirada

Hace tantos días

que el canto no desvela mi tristeza
que la noche no se roba
mi voz y la destierra
a la tierra de los auditorios
de los oyentes
de los presentes

Hube de pensar
que la queja sería
nueva compañera
y la soledad se plagaría
de la burla cansina
del sollozo pertinaz
que plaga el alma de los abandonados

La noche y el día
más allá de mi horizonte
han de recobrar los ecos
que hube lanzado
como saetas perdidas
en los vientos tristes de mi tierra

Ha de regresar mi canto
fértil como la brisa
y preñado como el regreso
así la muerte me acobarde
y sus plagadas bestias
tracen surcos para mi tumba

Hubo mi canto
de cruzar el puente del destierro
y regresar sereno a mis funerales
cuando todos creyeron
que el silencio
sería la más pesada lápida
para mi tumba

Haz de escuchar
melódicos versos a tu paso
en los campos santos
y en las veredas
como serenos epigramas
que se enredan en la hierba

Hube de morir
mientras mi canto
recorrió el mundo
y los cerrojos que me ataban
a esta tierra de pesares
hubieron de recibirle
como la armonía postrera
que me arrulla

La suerte está echada

no hay más que proponerle
a la vida
aquel pacto que tanto guardaste
tan sólo un rumor distante
lo recuerda

Se abre la gigante puerta del mundo
y sus aceitados goznes
empujan tu ser a la batalla
No temas
nadie te sigue
aunque sientas miles
de sombras deambular
a tu lado

No vuelvas atrás la mirada
pues la sal del mundo
amenaza tus débiles carnes
y no quieres
ser testigo pétreo
de tu entrega

Días vendrán
años y siglos
mas aquellas canciones
que tejieron filigranas futuras
no escaparán
de tu garganta

Vive pues
si esto que ahora enfrentas
se puede llamar vida
y olvida las quejas

Tu voz no tendrá más eco
ni habrá espacio alguno
para que tu cabeza
encuentre merecido reposo

La transacción ha concluido
Tu alma es prenda de garantía
Con ella pagarás
tanto si aceptas
como si en un estertor de cordura
intentas el regreso

Resiste si aún
hay recuerdo alguno
de tu esperanza
pero no la añores
ni lo intentes
pues el escarmiento
se prolongará por siempre
y el infierno al que ahora entras
será un jardín de infantes
comparado con el dolor
que tu traición te merezca

Camina entonces
cual la sombra que te acompaña

Es de tontos el regreso

y entra pronto
que la puerta
ha de cerrarse por siempre jamás

MBA

—Oh mierda que te has comido, que me has hecho a tu semejanza. Ruega porque mis hijos y los tuyos conserven la esencia de nuestros días; que la miseria no se diluya en la estrechez del tiempo, de los años y que las inteligencias de a centavo sigan gobernando con sus miserables mentes de estreñimiento y falsedad. Que las lumbreras de palacio sigan invocando figurines importados porque en la acera de sus casas es más brillante el sol que aquel que puebla sus letrinas de ocho a cinco. Libéralos de su pesada carga, que la tarea no los deteriore, pues de ellos depende que este justo mundo siga tal y como está. Que no sobre un pan ni se malgaste; que nadie que no lo merezca haya de posar en él siquiera la mirada, ni que sus inmundas narices osen robar tan sólo la fragancia que emana el preciado bien, nacido de las manos de honestos artesanos, y que irá con justicia a la mesa de los esbirros que aún conservan su trabajo a sacrificio de su alma. Que no soporte corazón alguno la impudicia de tomar lo que no le pertenece, pues estos celebérrimos hombres y mujeres han dedicado algunos meses a empapelar sus caseras guaridas con bulas y comandas en lenguas de ultramar para seguir en la encomiable tarea de administrar millones y ganar muy poco a beneficio de sus ideales. Oh escatológica amiga, castígame puesto que, lo confieso, los he llegado a envidiar.

Qué más queda sino el amor

cuando el fragor de la vida
es arrasado por la vulgar impertinencia
acosadora de la calma y la tibieza
Cuando no hay más que rogar
porque nuestro cuerpo
deje huella alguna
que pueda señalar
el rastro de nuestra morada

Qué más queda sino el verdadero
amor que nos protege
de las embestidas bestiales
a nuestra sombra
mientras aún tenemos
piel que recuerde
la sazón de la carne
y nuestros secretos

Qué más queda sino aquél
que nos recuerda que algún día
pudimos respirar a gusto
el aroma de una cabellera húmeda
mientras en la calle
el bazar de meretrices de oficina
con sus nóminas diplomadas
vendían los últimos tesoros
de nuestra saga

Tan sólo quedará aquel amor
cuando no tenga precio
vestir las calles
y nuestros huesos
sean la mercancía
que pueble anaqueles extraños
y no quede más recuerdo
que el olvido

QUE TANTO EL HUMO COMO LA COSTUMBRE TE MATEN, cada uno en su propio intento, cada uno, como más le plazca. De sí mismo no derivará nada que proponga una salida, como nada ocurre en la tragedia aterradora de nuestra vida. Serénense entonces quienes cargados de vanidad solidaria se rompen las fajas samaritanas al clamor de mi proclama. Vengan hermanos y aprecien cómo la calle crucifica las miserias de mi cuerpo y cómo la tarde se roba olorosa el acre efluvio de mi sangre. La multitud se derramará en orgiásticos clamores cuando el estertor febril de mi muerte colme su avidez grosera refugiada en sus muecas de asco y complacencia. Viva la muerte que te deshonra. Crece en tu pánico osado y muere febril como los exorbitados ojos que te beben. Las calles serán, entonces, proscenio majestuoso del último acto de mi vida; el más osado, tal vez, pero el más valiente. La gloria me acogerá en su seno, por un instante, en la sinfonía de momentos que han conformado al mundo. Serénense pues mis detractores y sirvan de aliento a la caterva. Sellemos el pacto que albricia este momento. Viva entonces el instante en que los despojos de mi esencia se desvanecen en un rumor de aromas y dejemos que serenos se diluyan en los resquicios de la calle.

Recuerdas aquellos días

cuando aún confiabas en tus dones
sutiles voces epifánicas
venían prestas a tu encuentro
y tu mirada se alzaba
hasta divisar las orillas
de los mares lejanos

Fuiste la liebre de los cuentos
y aunque el sueño
no te hechizó en el camino
un ejército de imbéciles tortugas
pasaron a tu lado
día tras día camino al horizonte
y el horizonte mismo
te hubo de dejar

Fuiste el más sagaz y el más astuto
y aún ahora
cuando de la juventud
no queda más que la mirada
ves que sigues siendo
raudo como el viento
en tanto que los imbéciles
construyeron magníficos castillos
con lo que robaron de tu vida

Regresas de nuevo con la derrota a cuestas

tus ojos reflejan antiguas tormentas
La vida
a la que nada le pides
nada te otorga
más que vivir.

Ser el hombre que se siente
el compás de la propia vida
no la noria
no la defunción programada
de las calles
de las sombras

La tierra se endurece bajo tus pasos
¿Vendrán acaso las misiones
salvadoras de tu alma?
Tal vez en un momento
la testaruda vida te abandone
y libere tus pasos a la tormenta

Vuelvo ansioso la mirada

y espero que la placidez de mi sombra
dibuje en su camino
la profunda huella que me ate a la tierra

El sendero corre lento
la pesadez del camino
harta la insufrible presencia
de la historia

Regresaré a casa
y no habrá más que el vacío
la fotografía ruinosa
de la abuela que nunca conocí
con sus reproches eternos
en un sepia ácido
como el reflujo en mi garganta

Si las fronteras
de la muerte lo permiten
habrás de tener quien te cuide
mas
¿qué de aquellos que
no soportan más saga
la vespertina soledad
que presiente la noche?

Las viejas historias se repiten
y cada lecho soporta
las veleidades de su sangre

parias o mancebos
donceles
meretrices
Cada cual pule
los hierros
de su miseria

Soporte la urbe los aullidos
que flamean
en mi hirsuta alma
Ábrase la hendija de clausura
Rómpase el sello
Suene la trompa
que mis gigantes alas barran el suelo
mientras ajenos linajes
me incrusten hincado
y mis labios se posen
en esta tierra impía

La ciudad sostiene
una figura manchada
como un blasón efímero
que se disuelve
en el estertor del ocaso

Ya mis armas han caído

mi pecho sudoroso resopla
la angustia del pronto deceso
Has de aligerar tu carga
pues no hay bastimento
ni paciencia
para soportar la rémora
de los vencidos

Empuña la lanza

Que tus acerados músculos
rasguen el aire
y el zumbido veloz
de la fraguada pica
sea la fanfarria postrera
de mis carnes laceradas
por el llamado de la muerte

No mires tras de mí
Bástete este ser que se ofrenda
y no busques tras mi sombra
pues tan sólo hallarás
a quienes me enviaron a tu encuentro
y de mí retienen acaso
el fulgor de un recuerdo
turbio en el destierro de su memoria
aún más lejano que la esperanza perdida

Aquellas figuras
que ves
como lóbrega extensión
tras de mi sombra
me han lanzado a tu presencia
sin más escudo que mis ojos
y mi boca
las armas más tenaces
y también las más temerarias
pero ni así la victoria
vino a tropezar
con mi trasegar perdido

Reúne entonces el vigor de tu cuerpo
y arroja la pértiga
como si desearas romper
de un solo tajo la densidad de la noche
Pues mi vida
ahora no vale más
que el susurro de mi último aliento
No te lo impida pudor alguno
que ya no hay sustento esencial
para mi canto

Si fui guerrero
me he extraviado
y aunque mis pasos
buscaron muchas sendas
el destino de la derrota
impávido me condujo a esta arena

Si mi nombre fue legión
ahora no queda más que la soledad infinita
al abrigo de mi agonía

No mires más
tras de esta lúgubre sombra
ya la noche me cobija
y se hace tarde para tu regreso

Así pues te preguntas dónde he estado

quién ha golpeado con sevicia mi cuerpo
y quién ha roto con crueldad
mis facciones en tu memoria

Es verdad que el tiempo pasa
y la vida se renueva
pero tan solo una cosa de mí
permanece
sutil y acobardada

Has de encontrarla en la piltrafa
macilenta de nuestro pasado
venida luego de la despedida
Ahora reposemos
mientras la tarde se aloja
serena y mustia
sobre nuestras cabezas

Has de recordar cuán vital
mi persona era en tu vida
Has de recoger las brillantes visiones
que reunían nuestras tardes

En la estepa
en la sabana
en el tiempo y la distancia
hube de rendir mis culpas a foráneos jueces
mientras mis pasos cansados
apostaban la derrota

Ahora tú me encuentras
y el vuelo de la tarde
se aposenta cálido y febril
en la blanda ribera de nuestras voces
y la tenue luz desdibuja
las facciones perdidas
en el laberinto del recuerdo

Bienvenidos hermanos al infierno

Reducid vuestra esperanza
y dejad que la madre del dolor os suplique
por la desventura que cobijará
vuestros llantos

Doblegad vuestros lúbricos deseos
y profundizaos hondo
en la venganza del mundo
Vivid como os lo han ordenado
y bifurcad los sueños
a embestidas de razón y odio

Clamad himnos ajenos
y caminad erguidos uno tras otro
sosteniendo la reluciente égida
de la uniformidad
Vengan entonces
los luctuosos tremores
que abiertas fronteras
impedirán vuestros pasos

Abrid las alas y volad bajo tierra
por territorios planeados
desde bufetes siniestros
Resistid a la brisa
y vomitad vuestra alma
en espirales de abúlica exactitud
Volad en orden y pagad el precio

Bienvenidos pues a vuestra eterna morada
Olvidad todo cuanto os recuerde
la alianza y repetid sonoramente
vuestros deberes
Aullad la libertad que se os obsequia
en este tiempo muerto
cuando no hay más bendición
que vuestro propio olvido

Las trompas sonaron a lo lejos

y su brillante canto cubrió las distancias
Hay forestas en las forestas
los poblados tan sólo
de paso sirven a la jauría

Fue el tiempo suficiente para alertar la presa
¿dónde los perros,
dónde?
La tarde, hermano, se marcha
y vienen por nosotros

Que el cielo nos proteja
o que las sombras nos abriguen
y abran una puerta hacia el no retorno
¿dónde has caído hermano,
dónde he de hacerlo yo?

Ven y lancemos el último alarido
que nos escuchen
que el eco los guíe a nuestro rastro
El temor que nos hizo recorrer desiertos
ha de resonar como detonación
en nuestro pecho

Que lleguen al instante
Abriremos entonces nuestras carnes
y su jauría de nuevo
cenará carroña.

Cuán abandonados parecemos

mientras juntos pisamos esta vida
que de allí perpetuamos
los misterios y el temor

Y gritamos en las calles y en las casas
que nos protejan las estrellas
que Dios nos abarque en su apacible seno
que venga el amor y no se vaya

¡Venid hermanos!
se escucha el eco en las madrugadas
y cruza a ras de tierra la proclama
a quién le importa
alguien me lo diga
en verdad a quién…

Cuán abandonados nos sentimos
mientras repetimos el canto
pertinaces al oído de las gentes
salmo que aboga por la comunión
que nunca conocimos

Aquel viejo no precisa gritar
ni cantar ni emular los himnos
gastados en las calles
Cuán abandonado parece
entre las juventudes ajenas

El sosiego que le rodea
ha vaciado la euforia de su voz
tan solo vigila
cuan abandonado parece el mundo
desde la paz de su silente aura

De nuevo suena mi voz de paria

y su rumor no inquieta aun
ni a la hojarasca
así mi garganta estalle
como la marejada
como tormenta

el mundo asordina
mis alaridos funestos
el rumor de gentes devora mi bramido
y la pesada tarde
resbala a mi lado
de tal modo que se diría
que su cobijo
es el ahogo de mis blasfemias

pasan hombres de todos los tamaños
y mujeres bellas y andrajosas
mientras mi mudez de gritos
se convierte en el testamento fortuito
de las calles

habré alguna vez de estallar
en agonía
y tal vez esa tarde
la ciudad recuerde
un breve rumor
que no será más fuerte
que la brisa serena que refresca
un día soleado

He de poblar la ciudad dormida

He de copar cada lugar
cada rincón
Mi ser multiplicará con fuerza
su presencia en la noche
y las gentes no han de saber que aún existo

Lejanos sonaran mis cantos
en el tenue albor de la mañana
cuando millares de hombres
de almas huérfanas
repten pesadas a la vida

La oscura presencia de la noche
será el refugio de mis días
será el pan
será la vida
Aquella
que no precisa de narcóticos sueños
para sembrarse insufrible y melancólica
El sol ha de dejar
espacio a mi ausente sombra
y el silencio
será el clamor de mi voz
en las mañanas

No has de implorar por mi figura
pues quien no se muestra
no se vende
Ahorrarás bregas por tu casa

mientras sea yo quien libre la batalla
y demontres pestilentes
me atormenten
en la hora plácida
de tu descanso

Deja que mi clamor
cabalgue al vuelo
en la oscura noche
por las sombras
y mientras tanto la ciudad dormida
berree el aullido
de tus fantasmas

Manso caminas por las calles

Entregas tu vida al macilento espacio
entre el tan nombrado ruido
y las soledades fronterizas

Acaso te preguntas
si a la vuelta de la esquina
o en el cambio rutinario del semáforo
aparecerá por fin
la imagen nebulosa
que habita soterrada tu vida
y que temerosa
aún no ha tomado forma en tu memoria

Calle a calle
entre los estrambóticos seres
que habitan este mundo
la esperas
con la esperanza firme
que nunca aparezca

Con la mansedumbre a cuestas
caminas tu ciudad
ya sea con afanes
o en el desperdicio de tus días
por andenes y avenidas

Si la hallaras te preguntas
¿Ha de haber reparo alguno

que te impida desbordar con creces
la costumbre y los horarios?
Que tome la forma y la materia
Que sea de una vez y que no tarde

Mientras
en la rutinaria soledad que te delata
con la obstinada tozudez
de una noria milenaria
el fantasmal augurio de tu vida
le grita silencioso
que se aparte y deje en paz
tu insufrible existencia

Putas

En la noche solitaria espero
que las brisas lejanas de horror cobijen
la venganza eterna de la muerte
meretriz perpetua y justiciera

Demonios y pestilentes súcubos
de seda inundada de prestigios
venga la peste sobre sus madres
que la peste ya mató la vida

Avernos,
imbéciles sarracenos
pedos de amor en la locura
Putas de mayo
Putas de Nariño

Perros y perras
zorras con clase
meretrices de la traición
acuéstense gratis por compasión
una vez con mi cansado deseo

Si por lo menos hubiera de morir
en la basura
que sus machos introducen en sus sexos
Ah de la placentera muerte
que nos espera

Putas de seda
Putas

Que la rabia te acompañe

No le pidas más al mundo
ni aun cuando te sientas
atiborrado de placer
en un día soleado
con la más hermosa piel
entre tus manos

Que sea tu compañera fiel
la más osada

Ella te defenderá
de caritativas intenciones
de ser Mesías luctuoso
en patria de fariseos

deja que te guíe
cuando te sientas solo
y tus flaquezas aboguen
por las falacias de tu hermano

ronca con placer tu ira
en la soledad y en la penumbra
ruega porque nunca te abandone
pues ella
como ninguna otra
hará caer
las máscaras ubérrimas
que te han convencido de tus bondades

así sin más temores
que tú mismo
trasegarás por el mundo
con los blasones heroicos
de tu mansedumbre

hazla preceptora de tus rumbos
que te guíe como brújula eficaz
en las tormentosas brumas de la vida
de cuando en cuando
retornaras por el miedo
pero nunca serás pasto
de reses ávidas de la carne
y el espíritu

déjala morar cada minuto
en cada lugar
con cada sonrisa
luego tendrás la paz que tanto quieres
puesto que nunca mano ajena
hubo de abrirte
las majestuosas puertas
de tu propio infierno

Siempre hay un momento

en que la soledad nos desafía
y en el silencio reparador
de su locura
vienen con frenesí
las incesantes voces
que atosigan nuestro ser
con salvajismo

No son las tardes
ni aun las noches
eficaz refugio a la tormenta
pues no hay barricada capaz
de contener los fragores de sí mismo

La fuerza de la pasión desbarata la sombra
Vuelve ruina nuestra calma
Sofríe la miserable existencia
El pan
La vida
La no cometida perfidia
Y acobardados parecemos
miserables reses
en estampida

Es claro pues
que no hay escapatoria
mientras vertimos
mares de plegarias
a legiones de espíritus y dioses

y pronto procuramos un espejo
con ansia voraz
de encontrar
en él de nuevo
nuestro rostro

Suena pausada la voz del poeta

Lentas las palabras
como de animal milenario
retumban y se posan
en los rincones
cual lejano cataclismo cósmico

La voz del hombre resuena
femenino y arduo
de tal modo que la hierba
crece fértil
de sus caderas verbales

Suena la voz
Suena
como la femenina voz del poeta

Te habla el odioso personaje de tus miedos

He venido a suplicar el odio que te he infringido
Resbalo sudoroso por las esquinas de tu alcoba
con el gigantesco martirio de mi condena

Ven y ódiame
como al mismísimo rey de las tinieblas
Destroza mi silueta y arranca de mis carnes
acaso el sutil rezago de mi humanidad perdida
Es tu derecho
lo único que te queda

Restablece tu serenidad
y gobierna de nuevo sin vacilación
tu vida lucífera
que tras las sombras
jamás he de siquiera mencionar tu nombre

Heme allí
Seré el escondite perfecto
de mí mismo
Allí estaré por siempre
recordando la fugaz noche
que me invitaste a tu regazo

Vengan las academias y juzguen sin falta

cuan honda
y extensa
es la verdad que he apropiado

La tarde y la noche siguen
custodiando la sazón
de mi conjuro

Griten conmigo
que rechinen los cristales de palacio
la verdad que me cobija y que cobijo
Júntense sin temor
Al lado mío

Comuniquen la noticia
que no haya ninguno que lo ignore
pues no sobra el sordo en la estridencia
Vengan todos
el tiempo se ha cumplido

Vengan pues
que es menester de su inquietud
Rodeen mi confesión
y háganla pan
en su hora de reposo

Vino el día que mi fuerza
acumuló el dolor que
la vergonzante fatiga me impedía
pero es el tiempo

de la maldición
y lo he sabido

Acérquense y no lo teman
tan solo yo puedo contarlo
pues no preciso ya de espejos
ni máscaras
Las he vendido

www.ingramcontent.com/pod-product-compliance
Lightning Source LLC
Chambersburg PA
CBHW031226090426
42740CB00007B/721